AF320883

PROJET

D'UNE FÊTE

POUR FAIRE SUITE A CELLES DU COURONNEMENT,

OU POUR L'ANNIVERSAIRE

DE LA NAISSANCE DU FONDATEUR

DE L'EMPIRE FRANÇAIS,

ADRESSÉ

AU GOUVERNEMENT IMPÉRIAL

PAR STANISLAS MITTIÉ,

AUTEUR DU PROJET D'EMBELLISSEMENTS POUR PARIS.

Dans vos descriptions soyez riche et pompeux.

BOILEAU.

A PARIS,

Chez { DESENNE, Libraire, Palais du Tribunat, n° 2.
L'AUTEUR, rue du Doyenné, n° 15, près les galeries du Louvre.

Le Projet d'embellissements pour Paris et celui des moyens d'exécution se trouvent chez les susnommés.

AN XIII. (1804, 1805.)

AVERTISSEMENT.

Comme le Gouvernement n'admet que
les projets de fête des architectes et autres
artistes reconnus pour les plus expéri-
mentés dans le bel art des enchantements,
mon but, comme amateur du merveilleux, est d'échauffer leur génie, en pré-
sentant des idées neuves qui leur en feront
naître bien sûrement de plus ingénieuses...
Je le desire pour la pompe impériale et
pour l'amusement du peuple.

Je donne, page 24, aux lettres (*a*) et (*b*),
l'explication de tout ce qui pourroit paroî-
tre *impossible* ou *difficile* à exécuter.

TROISIEME PARTIE

PROJET

D'UNE FÊTE

POUR FAIRE SUITE A CELLES DU COURONNEMENT

DE NAPOLÉON IER,

EMPEREUR DES FRANÇAIS.

J'AI annoncé dans le titre de mon *Projet d'embellissements pour Paris* (an XII) la fête de MARS comme si j'eusse prévu que ce seroit celle du couronnement du HÉROS de la France. Mais puisque la célébration des cérémonies aura lieu au mois de frimaire, où la nature prend le *deuil*, si on remettoit les *divertissements extérieurs* dans les beaux jours du printemps, qui ramene les fleurs, les zéphyrs, et les chantres de l'aurore, je proposerois ce qui suit.

Pour suivre l'ordre des choses et donner de l'essor à mon imagination, je suppose ici que

nos grands architectes, qui accélerent les travaux de la fète avec les *baguettes des fées*,
placent au bout de la terrasse du jardin impérial le *temple de la Gloire*, qui a servi dans les
Champs-Élysées pour la paix qu'on avoit faite
avec la Grande-Bretagne, et que, pour agran-
dir la salle, ils suppriment les colonnes de l'intérieur, ferment les entre-colonnements de
l'extérieur par des toiles peintes, afin de pouvoir figurer des croisées en draperie, mettre
entre chacune des glaces, des girandoles, et sur
la corniche la galerie publique. J'entre dans
les détails de mon *projet de fête*, où je quitte le
langage de la finance et celui de l'architecture
pour entrer dans les *féeries*.

Le bruit des fanfares, et le feu de file de cent
pieces de canon qui bordent la Seine depuis le
quai BONAPARTE jusqu'au palais du Corps législatif annoncent l'entrée pompeuse du nouveau Souverain dans le temple de la Gloire, où
il y a un somptueux banquet de quatre cents
couverts. S. M. L'IMPÉRATRICE, toute rayonnante par l'éclat merveilleux de son diadême
et par ses graces, en fait le principal ornement.

Le plateau proportionné à la table représente un riant parterre où brillent les fleurs

dont les parfums égalent ceux de l'Arabie, de l'Abyssinie et de l'Ethiopie.... Au milieu est le temple de l'Amour, couronné par les étendards, les drapeaux, les pavillons français, et ceux des principaux monarques du continent, qui sont les gages de leur parfaite union et les signes de la satisfaction publique.... On voit sur le pourtour des frises en transparent, des trophées, des emblêmes, et des devises relatives aux avantages de la paix, au retour de l'ordre, et au bonheur des peuples.

C'est dans ce temple, sous lequel est suspendu un lustre, que Vénus et Adonis (1) goûtent sur un sofa de roses les douceurs du sommeil, jusqu'au moment où ils sont réveillés par le chant voluptueux du rossignol et par le ramage d'autres oiseaux qui, perchés sur des tiges fleuries célèbrent leurs feux au doux bruit des ondes (2).

Cette déesse, qui est l'astre de ce lieu enchanté où tout respire l'amour, fait sa toilette avec toute la recherche de la coquetterie..... Une aigrette, une fleche, un coq et un papil-

---

(1) Ce sont les enfants de la danse du théâtre des Arts.

(2) Des oiseleurs qui savent imiter le chant du rossignol et le ramage des autres oiseaux sont cachés sous le feuillage qui couvre les ouvertures de la table.

lon, emblêmes de l'Amour, font ressortir tout l'éclat de sa beauté..... ADONIS, qui en est tendrement aimé, l'entretient de sa passion, en pantomime.... Le perroquet, aussi instruit et aussi facétieux que l'étoit *Vert-vert*, qui vient de figurer au salon des tableaux, parle sur la nouvelle du jour; et la conversation finit par rire jusqu'aux éclats (1).

A la seconde scene Vénus et Adonis prêtent une oreille attentive aux doux sons d'une musique invisible (*elle est sous la table*); c'est la flûte, le cor et le hautbois qui se marient avec les voix douces, pures et légeres des nymphes dans cet air délicieux d'*Echo et Narcisse*, qui flatte l'oreille et l'imagination; puis elles chantent en chœur la vertu, la tendresse, et la sensibilité des femmes qui fournissent tant de braves soldats à la patrie, et font l'ornement de ce monde, comme le soleil fait la décoration de l'univers.

Le concert fini, des enfants de la danse montent par une petite allée sur le parterre,

---

(1) Comme les sujets de la danse ne parlent point sur le théâtre, des acteurs et ceux qui savent contrefaire les perroquets remplissent la scene sous la toilette, où il y a une ouverture; de maniere que l'illusion est parfaite.

sous les costumes des nations amies de la France.... Les uns promenent leurs yeux sur les beautés de la nature..., les autres braquent les lorgnettes sur d'aimables objets...., et tous sont extasiés de voir dans les bassins latéraux des cygnes d'un plumage argenté circuler autour des jets d'eau qui montent en gerbe sous les lustres de crystal, où jaillissent d'autres petits jets d'eau entre les feux des bougies répétées sur le miroir des ondes ; puis on les voit entrer dans le temple de l'amour, où ils exécutent des danses de caractere qui flattent les regards.

Pendant les intervalles de la danse, les premiers artistes de l'académie impériale de musique, placés sur les galeries, signalent admirablement les talents du chant dans ce *duo* où *Orphée* avec *Eurydice*, par un mariage enchanteur de la lyre avec la voix, portent dans l'ame l'ivresse du plaisir ; ensuite ils chantent des couplets sur les éclatantes victoires du triomphateur de l'Europe, sur les actions héroïques des amants de la gloire, et sur l'heureuse harmonie qui regne entre l'Empire français et ses fideles alliés.... Un instant après les sons belliqueux des instruments de guerre retentissent sous la voûte, ébranlent les sens des spectateurs, et enflamment le courage de nos invincibles généraux, comme s'ils vouloient retourner au champ d'honneur pour y cueillir de nouveaux lauriers.

Chaque santé (1), portée avec enthousiasme, reçue avec transport, et couverte d'applaudissements, est suivie d'une décharge d'artillerie.

Au lever de table, (2) le canon donne le

------

(1) Je ne sais pas pourquoi dans toutes les fêtes on emploie le mot *toast*, qui n'appartient qu'à une nation étrangere naturellement ennemie de la France.

(2) En 1464, lors du mariage de Charles-le-Téméraire, duc de Bourgogne, avec la reine Marguerite d'Angleterre, qui s'est fait à Bruges, il y avoit sur la table pour le premier service trente vaisseaux en or et en argent, avec leurs voiles et leurs agrès complets ; et au dessert un lion, dont il sortit quatre hommes qui chanterent *moult merveilleusement ;* six ours qui sonnoient de la trompette, et une baleine dont il sortit aussi quarante sauvages qui exécuterent une danse à la mode de leur pays, etc.

Il ne faut donc pas s'étonner si je mets les enfants de la danse sur cette table, ni si l'on voit sur celle qui est mécanique dans le *temple de la Gloire* (page 13 du Projet) un bassin représentant la mer, sur laquelle naviguera une flottille, montée aussi par des enfants, qui bloqueront les ports, côtoieront les rives, et feront la manœuvre sans le secours des rames.... Pour varier, j'y mets diverses décorations en relief, comme villes, rivieres, campagnes, forteresses, armées rangées en bataille, etc. Les fenêtres de ce temple tout brillant de marbre sont en nappes d'eau, les entre-croisées en colonnes hydrauliques, et devant les glaces il y a des jets d'eau.... Ce qui tient à l'enchantement.

signal d'un combat sur la place de la Concorde. Aussitôt l'Empereur et les illustres convives paroissent devant les balustrades de la terrasse, où ils sont accueillis par des acclamations universelles et par une triple salve d'artillerie qui remplissent l'espace immense des airs et frappent à coups redoublés les échos d'alentour.

Un peuple innombrable est assis sur les grands amphithéâtres adossés aux remparts du jardin, aux colonnades de la place et près de la riviere, depuis le nouveau pont jusqu'à l'entrée de l'ancien Cours-la-Reine, pour y jouir du spectacle des combats qui vont se livrer.

La porte des Renommées représente celle d'une ville de guerre : l'armée française défend la place ; l'armée ennemie est retranchée dans le bois hérissé de bouches à feu en batterie.... Des piquets de cavalerie et d'infanterie coupent l'avenue de Chaillot et le grand chemin de Versailles, pour intercepter les renforts et arrêter les dépêches ministérielles du cabinet des Tuileries.

L'action s'engage au déclin du jour par des escarmouches, des affaires d'avant-postes et des combats partiels.... L'ennemi, supérieur en forces, bat la place, s'empare de plusieurs canons, met le feu à une petite forteresse, qui s'enflamme, et foudroie deux fois les Français jusque dans les retranchements : mais ceux-ci, non rebutés, redoublent leurs efforts ; et comme nos soldats ont tous des corps de fer et des ames de feu qui bravent le glaive et la mort, ils s'élancent avec impétuosité sur l'ennemi et pénetrent dans les rangs, où l'on entend les cris de la fureur, le cliquetis des armes étincelantes, et le hennissement des chevaux au milieu d'un feu plus effrayant que celui des enfers, qui dure sans interruption jusqu'à l'entrée du bois, où l'ennemi trouve son salut à la faveur des ombres de la nuit.

Les enfants de MARS restés maîtres du champ de bataille, les spectateurs signalent leur enthousiasme par des cris de *bravo* qui retentissent dans les airs.

Le second signal est le combat de deux escadres, l'une française et l'autre anglaise, rangées en ligne de bataille dans les eaux de la Seine, brillamment illuminée depuis le pont des Tuileries jusqu'à celui de la Concorde, où je les suppose, par un *autre tour de baguette d'Armide* qui veut aussi célébrer le couronnement.

Pendant que les orchestres jouent des airs de bravoures sur les terrasses des hôtels du beau quai Bonaparte , l'amiral anglais combine les moyens de brûler l'escadre française avec les *machines incendiaires du cabinet britannique,* et d'achever sa destruction par l'heureuse invention des *nouvelles bombes remplies de mitraille qui éclatent en l'air et retombent en gréle de balles* (1) ; puis il donne en même temps que l'amiral français les signaux du combat.... Ils sont répétés par les pavillons déployés, pavoisés et hissés à bord des deux escadres.... L'ancre levée et les voiles déployées dans les airs où elles flottent au gré

(1) *Dupré* , Dauphinois, qui avoit passé sa vie à cultiver la chimie , inventa nu feu si rapide et si dévorant qu'on ne pouvoit ni l'éviter ni l'éteindre ; l'eau lui donnoit une nouvelle activité. L'expérience en a été faite sur le canal de Versailles , en présence de Louis XV : elle fut répétée à l'arsenal et dans l'un de nos ports , où d'intrépides officiers marins en furent effrayés.... *Dupré* pouvoit détruire une flotte et brûler une ville sans qu'aucun pouvoir humain y pût donner le moindre secours. ... Le Roi , au lieu d'employer ce moyen destructif contre l'Angleterre, avec laquelle nous étions alors en guerre , donna une récompense à *Dupré* , en lui faisant promettre de ne point communiquer son funeste secret.... Il paroit, pour le bonheur de l'humanité , qu'il a tenu sa parole en l'emportant avec lui dans le tombeau.

des vents, les deux armées navales manœu-
vrent avec une étonnante précision : on essaie
respectivement de mettre à bord les troupes
de débarquement....; elles sont vigoureuse-
ment repoussées par le feu ardent des nom-
breuses batteries placées devant les parapets,
et par l'infanterie retranchée sous leurs murs.....
Les deux rives sont bombardées, le combat
s'échauffe, l'affaire devient générale, les batteries font feu des deux bords, la mousqueterie
joue jusqu'à l'abordage, où les Français, aussi
furieux dans les combats qu'*humains* après
la victoire, s'élancent le fer à la main sur leurs
féroces ennemis, qui tombent sous les coups
des vainqueurs... Plusieurs bâtiments démâtés,
rasés et criblés de boulets chavirent.. . Le car-
nage redouble au milieu de l'effroyable confu-
sion, où l'on entend nos trompettes marines
entonner la victoire. On jette les cadavres à
l'eau (1), qui paroît teinte de sang par le feu
de la bataille, durant laquelle le bronze reten-
tit dans le bois, sur les bords de la Seine, et
jusqu'aux rives de l'Angleterre, où nos formi-
dables armées vont descendre pour lui dicter
une paix durable qui la mettra dans l'impuis-

____

(1) Ce sont des mannequins.

sance de ruiner le commerce des nations, de brocanter l'espece humaine, et de corrompre les cours européennes pour renouveler les fléaux de la guerre, ensanglanter la terre et l'onde que son gouvernement couvre du poids de ses crimes.

Après ce combat sanglant entre les deux nations rivales, qui a offert le spectacle d'une belle horreur, huit orchestres surchargés de musiciens font entendre une agréable harmonie dans la place de la Concorde (1), où les yeux sont frappés du plus bel éclat par l'illumination générale qui éclaire la nuit.

Au troisieme signal on amene au milieu de cette place un superbe ballon, sur lequel sont en transparents les portraits de NAPOLÉON et de JOSÉPHINE. Le pourtour forme un brillant feu d'artifice qui au moment convenu tombe en gouttes d'or, de perles et d'azur ; puis les renommées placées dans la nacelle sonnent de la trompette, les orchestres jouent l'air ravissant *Où peut-on être mieux qu'au sein de sa*

---

(1) Les orchestres montés sur des roulettes sont dans la rue Saint - Florentin, pour les traîner après la bataille sur la lisiere du bois.

famille ? Et les cris de *Vive l'Empereur* mille fois répétés s'élevent dans les airs.

Ici le canon donne le quatrieme signal d'un beau feu d'artifice sur la lisiere du bois, où l'on voit les forges de Vulcain, la descente d'Orphée aux enfers, et les flammes du Bengale qui répandent une couleur magique (1) sur la brillante assemblée des nations réunies.

Comme la foule est par-tout, au cinquieme signal les citoyens qui sont sur la grande place des Invalides, le chemin de Versailles, et les habitants de Passy à leurs fenêtres, sur les terrasses et dans les jardins de cette colline, voient avec suprise, à une certaine élévation du dôme des Invalides, sortir des nuages la *lune,* des *cometes,* des *aurores éblouissantes,* et des *météores enflammés,* qui en traversant l'espace des airs semblent menacer les têtes des spectateurs.

Un instant après survient un orage qui voile le ciel azuré : on entend sous la voûte des cieux, dans les hautes, moyennes et basses régions, les lugubres roulements des tonnerres, et l'on

---

(1) Ces feux d'artifice, aussi montés sur des roulettes, sont dans la rue des Champs-Elysées, où après la bataille on les met en place.

voit dans l'obscurité de la nuit les éclairs féndre la nue et blanchir l'horizon.... D'un autre côté les irruptions volcaniques du mont *Etna* (l'ancien calvaire), vues des spectateurs jusqu'à la Samaritaine, éclairent l'olympe où elles forment une enceinte de feu.

Pendant les intervalles de ces phénomenes apparents, le *Vésuve*, placé dans la cour de l'hôtel près la grille, lance des bouffées d'étincelles, des tourbillons de fumée, des colonnes de flammes ondoyantes, accompagnées d'un *déluge de pluie*, de coups de tonnerre violents, et d'un bruit souterrain, après lequel on voit sortir de la bouche du volcan Lucifer sur son trône de feu, au pied duquel sont les officiers de sa cour armés de torches ardentes..... L'ange exterminateur plane sur la tête de ce chef des démons, où il annonce au son de la fatale trompette *le jugement dernier et la fin du monde*.

Après cet épouvantail *diabolique*, qui fait des impressions salutaires sur l'esprit des *mécréants*, l'ange, Lucifer et toute sa cour disparoissent.... Le ciel en courroux fait de nouveau éclater sa vengeance.... Le tonnerre gronde, la foudre éclate, le Vésuve s'enflamme, et s'écroule avec un si grand bruit, que le peuple, horriblement épouvanté de ces catastrophes célestes et terrestres, croit que le ciel et la terre vont se dissoudre.

Comme le peuple est un enfant qu'on amuse par des tableaux frappants et sur-tout en faisant beaucoup de *fracas,* au sixieme et dernier signal partent à la fois les girandoles, les pots à feu, les chandelles romaines, les dragons volants, les bombes lumineuses, les grandes détonations, les batteries de marrons réglés, les roulements de cent pieces de canon, ceux de mille foudres, et l'explosion d'une poudriere qui ébranle le globe et embrase l'atmosphere au point que les impies, les méchants, les frippons, et les hypocrites, s'imaginant voir tous les *diables* s'agiter autour d'eux, se croient réellement pour cette fois dans les plus profonds abymes de l'infernal empire de Satan ; mais, bientôt revenus de leur frayeur, ils se livrent comme les autres citoyens à l'expression de la plus vive joie qu'on voit briller dans tous les yeux.

Après tous ces coups de feux, qui épouvantent et amusent à la fois, les dames de la Cour s'asseyent sur des especes de fauteuils roulants,

et sont accompagnées de plusieurs personnes
de marque pour visiter les belles illuminations,
les jeux d'adresse, les danses allégoriques, les
ballets pantomimes, et les représentations théâ-
trales qui sont dans toutes les parties des
Champs-Elysées, où retentissent les sons des
instruments et les vifs transports de l'alé-
gresse.

Les promeneurs voient aussi en perspective
des grenadiers sur les guérites de la barriere,
des renommées en transparent sur les pavillons
et sur la grande étoile, une mappemonde étin-
celante, qui, paroissant détachée de la terre,
semble un phénomene brillant au milieu de
la nuit.

La Cour passe ensuite sur un pont de ba-
teaux pour aller à l'hôtel impérial des Invalides, où elle est surprise de voir un beau
banquet sous les *drapeaux de la victoire,* je
veux dire dans la rotonde du dôme, sous lequel
est suspendu un grand lustre. La musique est
sur les corniches des angles, les rafraîchisse-
ments dans les quatre chapelles, et la grande
salle de danse dans la cour des corridors. Les
quatre façades sont étincelantes de lumieres,
et les arcades ornées de lustres. Il y a au raiz-

de chaussée des gradins pour le parterre et des loges dans les galeries d'en haut ; au milieu est la musique, assise sur les marches d'un piédestal transparent, avec des devises ingénieuses, portant un obélisque illuminé, sur lequel est une étoile flamboyante.

Au retour de la promenade dans le jardin des Tuileries, la Cour et les illustres étrangers y voient un autre banquet d'un genre bien différent ; ce sont nos intrépides soldats placés autour du grand bassin octogone. Sur de jolies nacelles illuminées, des petits bateliers joûtent au son de la musique établie sur les marches d'un piédestal qui, placé sur le jet d'eau, porte la colonne nationale en feu de couleur de diamant, surmonté d'un globe au dessus duquel une statue représente la France victorieuse (1).

Ce banquet qui offre le coup-d'œil le plus surprenant, est répété sur le grand bassin circulaire avec cette différence qu'il y a sur le jet d'eau de celui-ci, la statue équestre du *Sauveur de la France*, revêtue des ornements impériaux avec des sujets allégoriques sur les faces du

---

(1) Au milieu d'une magnifique place que j'agrandis devant la superbe colonnade du Louvre s'élève majestueusement cette statue. Voyez pour les détails la page 54 du Projet.

piédestal, où on lit devant celle qui regarde le palais:

NAPOLÉON Ier REGNE DANS TOUS LES COEURS!

La Cour et les personnes de distinction qui ont honoré de leur présence ces divers spectacles rentrent dans le *temple de la Gloire* pour assister au bal paré dont voici les apprêts (1).

Sa Majesté L'IMPÉRATRICE, toujours rayonnante, occupe la premiere place du cirque; sur sa droite et sa gauche sont les princesses de France, les ambassadrices des cours étrangeres, les dames d'honneur du palais, et beaucoup d'autres d'une très haute importance, toutes richement parées de diamants, formeront un arc-en-ciel nuancé de mille couleurs, qui jetteront les spectateurs dans le ravissement.

Sur le second rang le MONARQUE français paroît dans tout l'éclat de la majesté impériale; à sa droite et à sa gauche sont les princes héréditaires, les représentants des puissances

---

(1) Pendant les divertissements de l'extérieur on aura le temps d'ôter la table, qui sera à compartiments pour l'enlever plus vite, et mettre autour de la salle des banquettes.

alliées et neutres, les premiers dignitaires et officiers de l'Empire, les ambassadeurs, ministres, conseillers d'état, et présidents des principales autorités administratives, qui tous se font remarquer par le goût, l'élégance, la richesse de leurs habits, et leurs décorations distinctives, qui ajoutent encore à ce bal de l'éclat, de la magnificence, et de la somptuosité.

Le troisieme rang sera destiné pour des personnes de haut parage, qui ne peuvent être placées au second rang.

Chacun ainsi placé par le grand-maître des cérémonies, le premier coup d'archet se fait entendre. M. *Gardel* et mademoiselle *Clotilde*, ouvrent le bal par le menuet de Psyché; et les autres premiers artistes de la danse, si essentiels pour les jouissances du public, exécutent différents quadrilles, exprimés avec ces transports de la volupté qui produisent dans l'ame des émotions délicieuses; ensuite ils font place à la fleur de la jeunesse riante et folâtre, qui déploie la légèreté, la souplesse et les graces. Les belles étalent tous leurs charmes au milieu d'un torrent de lumieres dont les reflets resplendissent sur les diamants, les glaces, et les décorations de ce temple; si bien que les convives et les spectateurs, éblouis par tant d'éclat, de merveilles , et de grandeur nationale, se croient *enchantés* par *quelque puissance invisible* qui dirige cette pompe céleste, et prend soin sans doute des destinées du plus grand des Potentats, afin qu'il puisse assurer la gloire, le repos, et la prospérité du plus grand des peuples.

Enfin, comme les plaisirs ne sont pas d'éternelles durée, lorsque la cour se retirera, la jeunesse au teint fleuri continuera à jouir du charmant exercice de la danse jusqu'au moment où l'Aurore ouvre au char du Soleil les portes de l'Orient.

C'est ainsi que finira la fête du couronnement, qui sera à jamais mémorable dans les annales de l'Empire français , et dont la postérité gardera un éternel souvenir.

EXPLICATION

DES PHÉNOMENES CÉLESTES ET TERRESTRES, AINSI QUE DES OBJETS MÉCANIQUES ÉNONCÉS DANS CE PROJET DE FÊTE.

(*a*) **Page 7.** *Les petits jets d'eau qui jaillissent entre les feux de bougies, des lustres de crystal, etc.*

Ces petits jets d'eau jaillissent par l'effet des tuyaux recelés dans les cordons de ces lustres ; c'est la pompe des bains de Vigier qu'on fait descendre la riviere pour en faire le service et celui des bassins latéraux.... Si l'on veut se former une idée des féries, qu'on lise le *Projet d'embel- lissements pour Paris,* dont l'exécution en feroit le séjour des enchantements.

(*b*) **Page 14.** La *lune,* des *planetes,* des *cometes,* des *aurores boréales,* et des *météores enflammés.*

Je pose sur le pourtour de la rampe de fer du dôme des Invalides un plancher, où je fixe au bout de plusieurs perches des lanternes, dans lesquelles sont de grosses, moyennes, et petites mêches ou bougies, qui, réfléchies par les plaques couleur d'or, d'argent, rouge, bleu, et verd, étincellent comme les étoiles brillantes...... La LUNE transparente, cachée derriere les nuages, file sur l'oc- cident par le moyen des poulies.

A l'égard des *cometes*, des *aurores boréales*, et des *mé-teores enflammés*, les chandelles romaines qui semblent descendre du ciel, produisent à-peu-près les mêmes effets; mais j'invite ici messieurs les artificiers de consulter d'habiles physiciens et chimistes sur les moyens de leur donner une plus longue durée, et sur-tout de tâcher d'imiter les cometes qui ont des queues rougeâtres et très longues. On en voit les combinaisons dans le Journal des Débats du 5 présent mois de brumaire.

Le tonnerre et les éclairs vont leur train comme à l'Opéra. Il en est de même sur les autres grands édifices qui sont à la vue de la fête; savoir, sur le dôme des Quatre-Nations, l'horloge du palais de la Justice, les tours de Notre-Dame, celle du portail de saint-Gervais, et en revenant sur le télégraphe du Louvre, le donjon des Tuileries, la tour de Saint-Roch, le dôme de l'Assomption, la pompe à feu du Gros-Caillou, et sur l'un des pavillons de la barriere des Champs-Elysées, sur lesquels édifices ces tonnerres, en harmonie avec les sons éclatants de l'artillerie, produiront de majestueux accords.

A l'égard du *Vésuve*, placé dans la cour des Invalides près la grille, il forme un demi-cercle, qui est la partie voyante : ce sont des caisses de sapin posées les unes sur les autres comme des assises de pierres de taille, et cela jusqu'à l'embouchure du volcan, couvert de toile peinte en laves et pierres calcaires.... Il y a au pied de la montagne de la terre en talus couverte de sable, afin d'imiter les opérations de la nature. Le dedans ressemble à un pigeonnier, dans les cases duquel on met de la paille, du sarment, du fagotage, et des moëlons jusque vers le cintre, pour lui donner une certaine consistance, et opérer un grand bruit lors de sa chûte.... Comme cette montagne a la forme d'un pain de sucre, elle est soutenue par le haut de distance à autre par des perches de traverse, et étayée par des pieces de bois à échelons, où sont accrochés des fagots pour rendre les flammes encore plus dévorantes.

Un peu plus haut que la montagne il y a un léger échafaud en forme d'échelle double montée sur des roulettes, pour l'avancer dans l'intérieur du volcan, où l'on monte et descend à volonté le *trône de Lucifer*, sur les marches duquel des *diables de l'Opéra* agitent leurs torches ardentes, pendant que l'*ange*, sur une échelle qui est adossée derriere le trône jusqu'à une certaine élévation, semble dans la profondeur de la nuit planer dans les airs : c'est un homme qui sonne la *fatale trompette de la fin du monde et du jugement dernier.*

Le chef des démons, représenté par un mannequin, dans lequel un homme le fait mouvoir, a une *tête de lion*, les *oreilles d'âne*, les *cornes de bouc*, les *ailes de chauve-souris*, les *griffes d'ours*, le *corps de tigre*, la *queue de léopard*, et les *pieds de bœuf*, tenant à sa main une fourche..... Des flammes à l'esprit-de-vin lui sortent par la bouche, les yeux et les oreilles.

L'artifice est aussi derriere cette montagne : les matieres bitumineuses qu'elle semble vomir sont imitées par des moyens connus, dont j'ai lu aussi la composition, je crois, dans le *Publiciste*.

On sait que les canons plantés debout dans la terre produisent un bruit souterrain et de légeres commotions. Les cent bouches à feu sont autour de l'hôtel et sur la terrasse du palais du Corps législatif.

Les poudrieres, placées dans l'intérieur du Champ-de-Mars, près la grille qui donne sur la riviere, sont renfermées dans des boîtes de carton, uniquement pour produire aux yeux des spectateurs des colonnes de feux ondoyants et des tourbillons de fumée, qui, joints à celle des canons et du Vésuve, représenteront l'embrasement d'une ville.

C'est une fusée fixée sur la fleche du dôme ou sur la toiture de l'entrée de l'hôtel, qui, comme le feu du ciel, tombe en éclats sur la montagne à l'instant même où les artificiers l'allument avec des torches, après en avoir ôté une heure auparavant les toiles peintes par bandes, pour les enlever facilement et les faire servir une autre fois.

Comme la montagne, je le répete, a la forme d'un pain de sucre, l'écroulement sur elle-même s'opere sans le moindre accident, ni la crainte que les flammes atteignent l'hôtel qui en est éloigné.

Au dernier coup de feu, celui des enfers, les pompiers, cachés dans les fossés par des palissades adossées sur les parapets, font jouer les pompes sur la place, où l'on croit que c'est la pluie du ciel.... D'autres pompiers, renfermés dans des especes d'orchestres de la hauteur de sept pieds, qui bordent les arbres, rafraîchissent aussi les *curieux* pendant l'espace de trois minutes que les éléments sont en pleine activité.

Le mont *Etna* (l'ancien Calvaire), à la vue des spectateurs, par son élévation, lance dans les nues des feux ondoyants qui enflamment le ciel, pendant que le bruit sourd de la grosse artillerie semble, dans le calme de la nuit, faire trembler la terre.

Telles sont les idées que j'ai conçues pour la majesté du trône impérial, et pour illustrer cette nation belliqueuse qui veut élever son auguste chef jusqu'au plus haut point des grandeurs. Oui, si le Gouvernement adoptoit cette fête telle que je la propose, elle seroit, j'ose le dire, la plus brillante et la plus extraordinaire qu'on ait jamais donnée. Je le demande, est-il sous le ciel un plus bel ensemble que l'hôtel et la grande place des Invalides, le bassin et les quais des ponts de la Seine, les Champs-Elysées, la place de la Concorde, le palais et le jardin impérial, où l'on peut réunir un million de spectateurs, et leur présenter les plus admirables tableaux?

Le beau regne de Louis XIV est éclipsé par celui de Napoléon Ier, qui plus que lui encore et les grands Monarques qui l'ont précédé, électrise les sciences, les lettres et les arts, qu'on voit déja briller sur toute la surface de cet Empire le plus puissant de l'univers.

N. B. Il seroit à desirer qu'on remît, je le repete, les *divertissements extérieurs* dans les beaux jours du printemps : mais si le gouvernement impérial ne prenoit point cette détermination, il pourroit donner à cette fête plus de solemnité en l'exécutant le jour de l'anniversaire de la naissance du *fondateur de l'Empire françois* (le 15 août) et même la répeter chaque année, ce qui attireroit les étrangers avides du merveilleux.

OBSERVATION PARTICULIERE.

Les journaux ont annoncé que « des artistes de
« tous les genres sont revenus des extrémités de
« l'Europe pour contribuer par leurs ingénieux
« travaux à l'embellissement de la fête du cou-
« ronnement. »

Pour moi, qui ne suis qu'un amateur, je
n'ai pas l'orgueilleuse présomption de croire
que mon *Projet* présentera d'aussi belles choses
que le *Programme* ministériel, fait collective-
ment par tant de grands maîtres des arts mé-
caniques et libéraux, qui chacun dans sa
partie met en mouvement tous les ressorts de
son *génie inventif* pour satisfaire le Gouvernement et mériter les éloges du public ;
mais l'auteur se flatte qu'ils trouveront dans

ce projet le zele et les sentiments d'un bon Français , ainsi qu'il l'a prouvé dans tous ses autres *écrits d'utilité générale ,* qui lui ont acquis des droits à leur estime.

STANISLAS MITTIÉ.

FIN DE LA TROISIEME PARTIE.